호기심이 쿵쾅대는
한국사 아파트 ❷ 삼국 시대, 남북국 시대

지은이 윤희진
펴낸이 정규도
펴낸곳 (주)다락원

초판 1쇄 발행 2018년 6월 20일
2쇄 발행 2020년 8월 17일

편집총괄 최운선
책임편집 박현혜
디자인 김성희, 이승현
일러스트 신혜진

다락원 경기도 파주시 문발로 211
내용문의 (02) 736-2031 내선 276
구입문의 (02) 736-2031 내선 250~252
Fax (02) 732-2037
출판등록 1977년 9월 16일 제406-2008-000007호

Copyright © 2018, 윤희진

저자 및 출판사의 허락 없이 이 책의 일부 또는 전부를 무단 복제·전재·발췌할 수 없습니다. 구입 후 철회는 회사 내규에 부합하는 경우에 가능하므로 구입문의처에 문의하시기 바랍니다. 분실·파손 등에 따른 소비자 피해에 대해서는 공정거래 위원회에서 고시한 소비자 분쟁 해결 기준에 따라 보상 가능합니다. 잘못된 책은 바꿔 드립니다.

ISBN 978-89-277-4711-6 74900
ISBN 978-89-277-4688-1 74900(세트)

http://www.darakwon.co.kr
다락원 홈페이지를 통해 인터넷 주문을 하시면 자세한 정보와 함께 다양한 혜택을 받으실 수 있습니다.

호기심이 쿵쾅대는 한국사 아파트

❷ 삼국 시대, 남북국 시대

글 윤희진
그림 신혜진
감수 김태훈

다락원

차례

301호
- 삼국 시대: 똑!똑!똑! 웅성!웅성! 얍!얍! ········· 6
- 삼국 시대: 소리의 정체 ········· 14
- 삼국 시대의 보다 자세한 이야기 ········· 22

호기심의 한국사 노트 삼국 시대 ········· 80

401호
- 남북국 시대: 또르륵!또르륵! 따가닥!따가닥! ········· 84
- 남북국 시대: 소리의 정체 ········· 92
- 남북국 시대의 보다 자세한 이야기 ········· 98

호기심의 한국사 노트 남북국 시대 ········· 124

안녕! 내 이름은 **기심**이야. **호기심**!

내가 사는 **아파트**엔
다양한 사람들이 살고 있어.
어떤 사람이 사는지 **궁금**하지만,
알지는 못해.

그런데 우리 아파트에서는 매일 다른 **소리**가 나.
도대체 **누가? 왜?**
그런 소리를 내는 걸까?

아! 도저히 못 참겠어.
소리의 정체가 무엇인지
우리 한번 찾아가 보자!

301호
삼국 시대

얍! 얍! 얍! 얍! 얍! 얍!

웅성! 웅성! 웅성! 웅성! 웅성! 웅성!

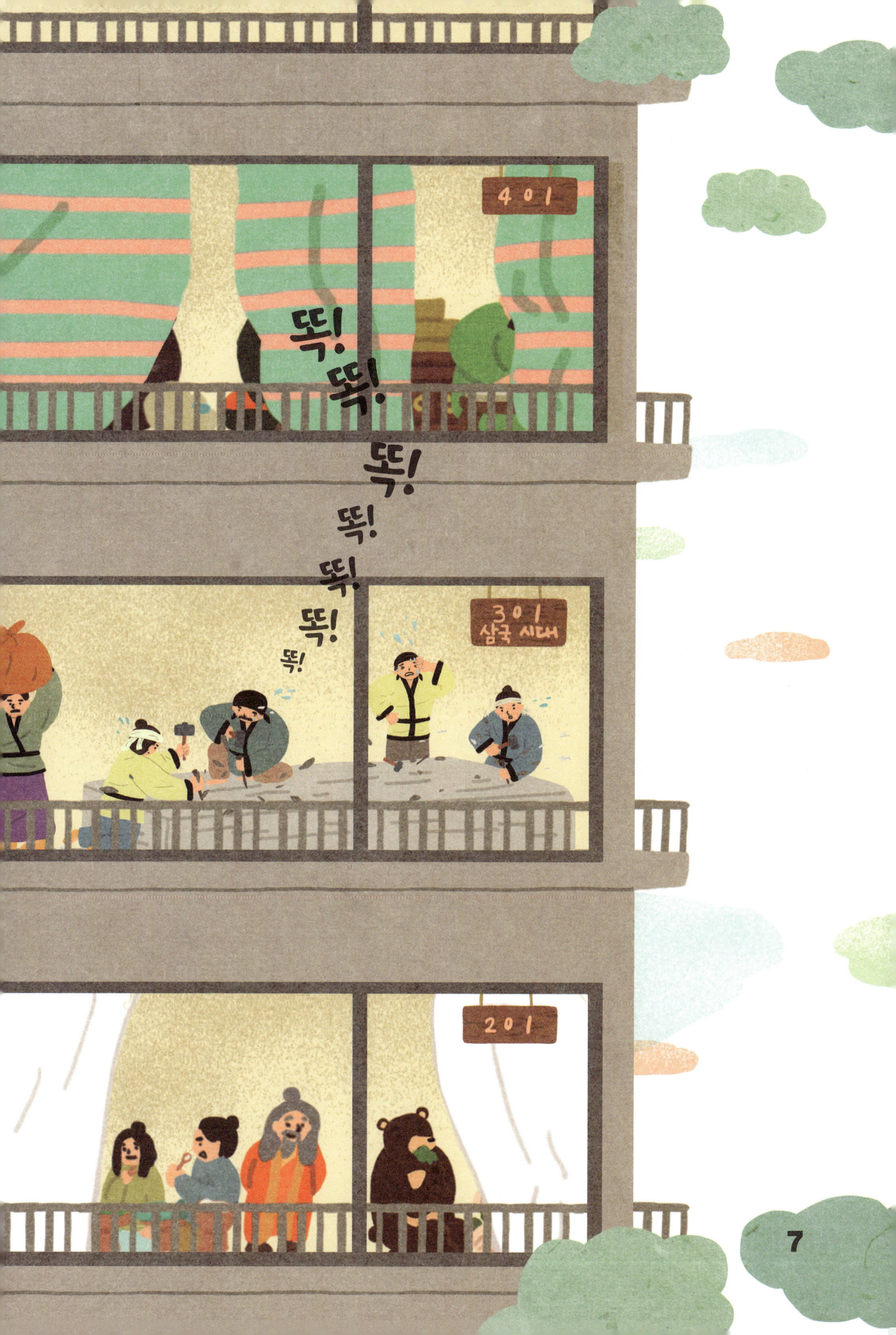

똑! 똑! 똑!   웅성! 웅성!

휴, 우리 아파트는 왜 이렇게 **시끄러울까?**

신기하게 내가 **역사책**만 읽으려고 하면 이런다니까.

도대체 누가 살길래 이런 **이상한 소리**를 내지?

얍! 얍!

안 되겠다. 아, 궁금해.
한번 찾아가 볼까!

딩동! 딩동!

"누구세요?"

"전 이 아파트에 사는 기심이라고 하는데요, 호기심요. 저…….."

"아, 반가워. 들어와."

301호 삼국 시대
: 소리의 정체

고구려 사람이
큰 바위에 글자를 새기는
소리였구나!

똑! 똑! 똑!

그런데
무슨 내용을 저렇게
정성스레 **새기는** 거야?

아하~

백제 사람이 항구에서 배를 타기 위해 준비하는 소리였네!

웅성! 웅성!

어디를 가길래 저렇게 바쁘게 짐을 싣고 준비하는 걸까?

저거였어!

신라의 젊은이가 열심히 훈련하는 소리였구나!

얍! 얍!

도대체 뭘 하려고 저렇게 열심히 훈련할까?

15

똑! 똑! 똑!

광개토 대왕의 비를 만들고 있어요.

고구려의 위대한 왕, 광개토 대왕이 세상을 떠나자
그의 아들 장수왕과 고구려 사람들은 광개토 대왕릉비를 만들었어요.
광개토 대왕을 기리는 마음을 담아
우리나라에서 가장 큰 비석을 만들고 왕의 업적을 새겨 넣었지요.
그런데 왜 하필 바위에 글자를 새겼던 걸까요?
요즘 같으면 인터넷이나 책에 기록했겠지만,
고구려 시대에는 가장 오랫동안 남을 수 있는 바위에
한 글자 한 글자 정성스럽게 글자를 새겼던 것이죠.
그래서 천육백여 년이 지난 지금도 그 글자를 알아볼 수 있는 거고요.
똑! 똑! 똑!
이 소리는 고구려 사람이 광개토 대왕을 기리기 위해
우리나라에서 가장 큰 비석에 글자를 새기는 소리랍니다.

웅성! 웅성!

백제 사람들이 중국으로 가는 배를 타고 있어요.

물고기들 봐!

한강 지역에 나라를 세운 백제는
배를 타고 서해를 건너 중국과 활발하게 교류했어요.
사신이 중국을 방문하기도 했고,
무역을 통해 중국의 앞선 문물을 받아들였죠.
중국만 간 건 아니에요.
배를 타고 일본으로 가서 한자, 불교, 건축, 미술 등
백제의 다양한 문화를 전해 주기도 했답니다.
당시에는 방송이나 인터넷이 없었으니
항구를 통해 들어오는 새로운 문물과 소식이
백제 사람에게는 무척 새로웠을 거예요.
웅성! 웅성!
이 소리는 이 땅에 살던 백제 사람이
중국으로 가는 배에 짐을 실으려고 모여드는 소리랍니다.

얍! 얍!

신라의 들판에 수십 명의 젊은이가 모여 무예를 닦고 있어요.

신라는 장차 나라의 큰 일꾼이 될 소년들을 뽑아
함께 생활하게 하면서 몸과 마음을 수련시켰어요.
미래의 지도자가 되기를 꿈꾸는 이 소년들을 화랑이라고 불렀지요.
지금의 육군사관학교, 공군사관학교와 비슷해요.
뒷날 신라가 통일을 위한 전쟁을 치르는 데 화랑이 큰 역할을 했답니다.
신라의 유명한 장군 김유신도 화랑 출신이에요.
얍! 얍!
이 힘찬 기합 소리는 신라의 화랑이
나라를 지키기 위해 훈련하는 소리랍니다.

삼국 시대 사람들은 어떻게 살았을까?

삼국 시대의 보다 자세한 이야기

활을 잘 쏘는 아이, 주몽

고조선이 멸망하기 얼마 전, 그보다 북쪽 땅에 부여라는 나라가 세워졌어요.
부여의 금와왕이 사냥을 갔다가 유화라는 여인을 만났지요.
유화는 부모의 허락 없이 결혼했다가 쫓겨났다고 했어요.
이를 불쌍히 여긴 금와왕이 부여로 유화를 데려왔어요.
얼마 뒤 유화가 알을 하나 낳았고, 그 알에서 태어난 아이가 주몽이에요.
주몽은 일곱 살에 활과 화살을 스스로 만들어 쏘았는데,
백 번을 쏘면 백 번을 다 정확하게 맞추었대요.

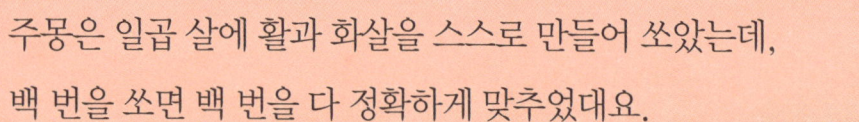

주몽이 고구려를 세웠어요

금와왕의 아들들이 힘이 세고 활 솜씨가 뛰어난 주몽을 시기하여 죽이려 하자,
주몽은 자신의 무리를 이끌고 남쪽으로 도망쳤어요.
무사히 도망쳐 나온 주몽은 새로운 땅에서 새 나라를 세웠어요.
그 나라가 바로 고구려예요.

정말 주몽은 알에서 태어났을까?

그런데 여기서 궁금한 점 하나!
정말 주몽은 알에서 태어났을까요?
주몽이 새나 닭도 아니고 그럴 리가요.
알에서 태어났다는 말은 주몽이 남과 다른 특별한 사람이라는 뜻이에요.
단군이 하늘의 자손이라고 하는 것과 비슷한 것이죠.
옛날 사람은 하늘을 나는 새를 매우 신성하게 생각했답니다.

주몽의 아들들

고구려를 세운 주몽은 차츰 주변 나라를 정복하며 힘을 키워 갔어요.
세력가의 딸 소서노와 결혼해 비류와 온조, 두 아들도 낳았고요.
그러던 어느 날, 부여에 두고 온 부인과 아들 유리가 주몽을 찾아왔어요.
급하게 도망치느라 부인과 아들을 데려오지 못했거든요.
주몽은 기뻐하면서 유리를 세자로 받아들였어요.
그러자 소서노와 비류, 온조는 자신을 따르는 사람들과 함께
새로운 나라를 세우기 위해 남쪽으로 향했지요.

온조가 백제를 세웠어요

남쪽으로 길을 떠난 비류와 온조는 나라를 세우고 싶은 곳이 서로 달랐어요.
비류는 오늘날의 인천인 미추홀, 그러니까 바닷가에 나라를 세우려 했고,
온조는 한강 근처인 위례성에 나라를 세우자고 했지요.
결국 둘은 따로 나라를 세웠어요.
그런데 미추홀은 물이 짜고 농사짓기에 적합하지 않은 땅이라
비류는 고생만 하다가 죽고 말았죠.
그 후 비류를 따르던 백성들도 위례성으로 들어왔고,
온조는 이들을 따뜻하게 맞아 백제를 세웠어요.

신라를 세운 박혁거세

고구려와 백제가 세워지던 무렵, 한반도 남동쪽에는 사로국이 있었어요.
사로국은 여섯 부족이 모여 만든 작은 나라로,
아직 왕 없이 여섯 촌장이 나라를 다스리고 있었지요.
어느 날, 한 촌장이 우물가를 지나가는데 흰 말이 눈물을 흘리는 거예요.
놀란 촌장이 가까이 가 보니 말 앞에 커다란 알이 하나 있었대요.
그 알에서 잘생긴 사내아이가 태어났고,
여섯 촌장은 아이를 잘 길러 열세 살이 되던 해 왕으로 받들었지요.
그 아이가 바로 박혁거세고, 사로국은 뒷날 신라가 되었어요.

또 하나의 나라, 가야

사로국보다도 남쪽, 낙동강 주변에 아홉 명의 촌장이
백성을 다스리며 살고 있었어요.
어느 날 그곳에, 여섯 개의 알이 들어 있는 금빛 상자가 하늘에서 내려왔대요.
며칠 뒤 알에서 여섯 명의 사내아이가 태어났는데,
가장 먼저 태어난 아이가 김수로예요.
김수로는 자라서 금관가야의 왕이 되었고,
나머지 아이들도 각각 다섯 가야의 왕이 되었어요.
그러니까 가야는 모두 여섯 개의 작은 나라들이 모인 연맹이었던 거예요.

삼국과 가야의 발전

고구려, 백제, 신라, 가야가 처음부터 큰 나라는 아니었어요.
나라가 세워질 무렵에는 만주와 한반도의 작은 나라들 가운데 하나였어요.
끊임없이 전쟁을 벌이고 주변 나라를 정복하면서 강력한 국가로 성장했지요.
그중 가야는 여섯 개의 연맹을 이루며 발전하다가 뒷날 신라에 흡수되었어요.
나중까지 서로 세력을 겨뤘던 고구려, 백제, 신라를 강조하여
우리 역사에서는 이 시기를 삼국 시대라고 부른답니다.

고구려의 성장

가장 북쪽에 위치한 고구려는 중국의 여러 나라와 싸우기도 하고,
중국의 발전된 문물을 받아들이기도 하면서 빠르게 힘을 키워 갔어요.
점차 고구려는 드넓은 만주 땅까지 차지해 강력한 국가로 성장했지요.

고구려는 철을 다루는 솜씨가 뛰어났어요

고구려가 힘 있는 국가가 될 수 있었던 또 하나의 이유는
철을 다루는 기술이 뛰어났기 때문이에요.
고구려는 단단한 철로 농기구와 무기를 만들어 사용했어요.
고구려 때 사용하던 무기는 지금의 강철과 비슷할 정도로 단단했대요.

근초고왕, 백제의 전성기를 이끌었어요

백제가 자리 잡은 한강 지역은 농사짓기에 유리했고,
물자를 실어 나르기에도 편리했어요.
서해가 가까워 배를 타고 중국의 발전된 문화를 받아들이기에도 좋았고요.
그래서 백제는 세 나라 가운데 가장 먼저 발전할 수 있었어요.
열세 번째 왕인 근초고왕 때 백제는
고구려와 싸워 이길 정도로 나라의 힘이 세졌지요.

일본에 전해진 백제의 문화

백제는 일본과도 활발히 교류해 문화와 기술을 전해 주었어요.
백제의 아직기와 왕인은 일본 왕의 아들에게
한자와 유학을 가르치는 스승이 되었어요.
특히 왕인은 일본 문화를 풍요롭게 만든 은인으로 존경받았지요.
또한, 백제의 박사와 장인들이 일본으로 건너가
학문과 기술을 전해 주기도 했어요.
박사는 학문이 뛰어난 학자를 말하고,
장인은 전문 기술을 가지고 있는 사람을 뜻해요.

고구려의 위대한 왕, 광개토 대왕

열여덟 살에 고구려 왕이 된 광개토 대왕은 용감하고 전략이 뛰어났어요.
왕위에 오르던 해에 백제를 공격해 열 개의 성을 빼앗고,
거란을 공격해 예전에 잡혀간 고구려 백성 일만 명을 데려왔지요.
이후에도 동에 번쩍 서에 번쩍, 북쪽으로는 요동과 만주 지역을 차지했고,
남쪽으로는 한강 북쪽까지 고구려의 영토를 넓혔어요.
광개토 대왕은 우리 역사상 가장 많은 영토를 넓힌 왕이에요.
광개토 대왕의 아들 장수왕과 고구려인들은
커다란 바위에 고구려의 역사와 광개토 대왕의 업적을 기록해 남겼답니다.

고구려의 다양한 무기

고구려 병사는 주로 창과 칼, 그리고 활로 전쟁을 했어요.
적이 멀리 있을 때는 활을 쏘고,
적과 가까워지면 주로 창으로 싸우다가 마지막엔 칼을 사용했지요.
광개토 대왕이 이끌던 군사들은 갑옷을 입힌 말에 탄 뒤,
4미터가 넘는 긴 창을 들고 적에게 돌진했대요.

백제는 웅진으로, 다시 사비로

근초고왕이 죽은 뒤 백제는 힘이 약해졌어요.
결국 고구려에 한강 지역을 빼앗긴 백제는
남쪽으로 이동했고, 웅진을 새 수도로 정했어요.
이후 성왕은 넓은 벌판이 있는 사비로 수도를 한 번 더 옮기고,
다시 백제를 강한 나라로 만들고자 하는 꿈을 키워 갔어요.

가장 늦게 발전한 신라

신라는 한반도의 남동쪽 소백산맥으로 가로막힌 지역에 위치해 있었어요.
덕분에 적을 잘 막을 수 있었지만, 밖으로 뻗어 나가는 것도 어려웠어요.
고구려와 백제를 통하지 않고는 중국의 발전된 문물을 접하기도 힘들었지요.
그래서 신라는 고구려나 백제보다 천천히 성장해 나갔어요.

힘을 합친 백제와 신라

한반도 남쪽의 땅을 차지하기 위해 경쟁하던 백제와 신라는
점점 강해지는 고구려에 맞서 서로 힘을 합치기로 했어요.
신라와 백제의 동맹은 백 년이 넘게 이어졌지요.
그리고 마침내 백제의 성왕과 신라의 진흥왕은
힘을 합쳐 고구려에 빼앗겼던 한강 지역을 되찾았어요.
하지만 얼마 뒤 신라 진흥왕이 백제를 공격해 한강 지역을 전부 차지하자,
화가 난 백제는 신라에 쳐들어갔다가 그만 지고 말았어요.

진흥왕, 신라의 전성기를 열어요

이후 신라의 진흥왕은 한강을 통해 직접 중국과 교류하며
새로운 문물을 열심히 받아들였어요.
또 고구려와 백제를 공격하는 한편, 가야마저 정복해 버렸지요.
이렇게 넓어진 영토 덕분에 힘이 강해진 신라는 전성기를 열었답니다.

신라, 화랑도로 인재를 길러요

신라는 나라의 큰 일꾼으로 성장할 소년들을 뽑아
학문과 무술을 가르쳤어요.
화랑이라는 이름의 이 소년들은 장차 신라의 지도자가 되기를 꿈꾸었지요.
진흥왕은 화랑 제도를 국가적인 조직으로 만들었고,
그의 뒤를 이은 진평왕 때에는 원광법사가
화랑이 지켜야 할 도리인 세속오계를 만들기도 했어요.
"나라에 충성하고, 부모에 효도하며, 친구는 믿음으로 대하고,
전쟁터에서는 물러서지 않으며, 살아 있는 것을 함부로 죽이지 않는다."
이것이 바로 세속오계의 내용이랍니다.

역사 속으로 사라진 가야

가야는 철이 많고 교통이 편리한 지역에 위치했어요.
따라서 일본을 비롯한 여러 나라에 철을 수출하여 매우 부유했지요.
이것을 바탕으로 아름다운 문화를 발전시켰어요.
삼국의 치열한 경쟁 속에서 때로는 백제와 손을 잡기도 하고,
때로는 신라와 힘을 합치기도 했어요.
하지만 하나의 나라로 성장하지 못한 채, 가야는 결국 신라에 점령당했지요.

하늘 신과 자연을 숭배했던 삼국 시대 사람들

삼국 시대 초기에는 지역마다 하늘 신을 믿거나
태양, 달, 구름, 바다, 비 같은 자연을 신으로 모시기도 했어요.
같은 나라 안에서도 무리마다 모시는 신이 서로 달랐고,
신을 모시는 방법도 조금씩 달랐지요.
그러다 보니 왕이 백성의 마음을 하나로 모으기 어려웠어요.

불교로 백성의 마음을 모아요

그러다 고구려, 백제, 신라의 순서대로 중국의 불교를 받아들였지요.
불교가 처음 생겨난 곳은 인도였지만,
중국에서 "왕은 곧 부처"라는 사상이 발전했거든요.
삼국의 왕들은 불교를 받아들여 많은 절을 짓고 불교 행사를 크게 열었어요.
백성의 마음을 하나로 모으고, 왕의 권위를 세우기 위해서였지요.
착한 일을 많이 하면 누구나 부처가 될 수 있다는 불교의 가르침은
백성에게도 큰 위로가 되었어요.

지금까지도 전하는 아름다운 탑과 불상

불교가 크게 유행하면서 삼국 시대 사람들은 많은 절을 세우고,
아름다운 탑과 불상을 만들었어요.
불상은 부처의 모습을 돌이나 금속으로 만든 것이고,
탑은 부처의 사리를 모시기 위해 돌이나 나무로 세운 거예요.
사리는 부처나 스님이 돌아가신 뒤 화장했을 때 나오는 구슬 같은 것을 말해요.
삼국 시대 사람들이 정성을 다해 만든 불상과 탑은
지금까지도 우리 곁에 남아 있는 것이 많아요.

한자를 배우고 유학을 공부해요

고구려, 백제, 신라는 모두 중국에서 새로운 문물을 많이 받아들였어요.
중국은 그 당시 세계 최고 수준의 선진국이었거든요.
중국의 문물을 받아들이려면 그들의 문자인 한자를 배우고 익혀야 했지요.
그러다 보니 자연스럽게 중국의 학문인 유학도 받아들였어요.
백제에서는 유학을 공부한 학자들을 박사라고 부르며 높이 대우했답니다.

농사를 지어요

삼국 시대의 백성 대부분은 농사를 지어서 먹고살았어요.
북쪽에 위치해 겨울이 길던 고구려에서는
추위에 강한 수수, 밀, 보리, 조, 콩 같은 잡곡 농사를 많이 지었고,
백제와 신라는 벼농사를 많이 지었지요.
너른 평야와 큰 강을 갖고 있던 백제에서 농사가 가장 발달했어요.

저수지와 철제 농기구

농사가 발달했던 백제는 둑을 쌓고 물을 가두었어요.
물이 부족한 가뭄에 사용할 수 있도록 저수지를 만든 거예요.
지금도 남아 있는 벽골제는 동아시아에서 가장 오래되고 큰 저수지 둑이래요.
또한, 삼국 모두 철제 농기구를 만들어 사용하면서
더 많은 곡물을 거둘 수 있게 되었어요.

소의 힘을 농사에 이용해요

신라의 역사책을 보면 소를 이용해 농사를 지었다는 기록이 있어요.
당시에는 고구려나 백제가 여러모로 앞서 있었으니
아마 두 나라도 소를 이용해 농사지었을 거예요.
사람들은 힘이 센 소에 철제 농기구를 매달았어요.
소가 농기구를 끌면 거친 땅도 손쉽게 논밭으로 바꿀 수 있었죠.
소의 힘을 이용해 농사짓기가 훨씬 쉬워진 거예요.

왕과 귀족, 평민, 노비로 신분이 나뉘어요

삼국 시대에는 왕이 귀족과 함께 나라를 다스렸어요.
평민은 농사를 지으며 살아갔고,
노비는 가장 낮은 계급의 신분이었죠.
신분에 따라 사는 집, 입는 옷, 먹는 음식 등이 달랐어요.

노비는 자유롭지 못한 신분이에요

노비는 주인에게 소속되어 있는 신분이에요.
사람이라기보다 주인의 재산으로 여겼지요.
사고팔 수도 있고, 심지어 주인이 노비를 죽여도 큰 문제가 되지 않았어요.
보통 전쟁에서 지거나 남의 빚을 갚지 못한 사람이 노비가 되었는데,
이렇게 노비가 되면 노비가 낳은 자식도 노비로 살아야 했답니다.

금을 칠한 귀족의 집

고구려 귀족은 수레를 타고 다녔어요.
지금의 자가용처럼 이용했던 거예요.
한 집에 수레가 두 개 있는 집도 있었대요.
또 신라 귀족의 집에는 금을 칠하기도 했다니, 엄청 화려했을 거예요.

집 안에서도 신발을 신어요

삼국 시대에는 방바닥 전체에
난방이 되지 않았어요.
그래서 집 안에서도 신발을 신어야 했죠.
한편, 귀족의 방에는 잠을 자는
침상이 있고, 탁자와 의자가 있어서
바닥에서 생활하지 않았어요.

아름답고 불편한 비단옷

삼국 시대 귀족은 비단으로 만든 아름다운 옷을 입었는데,
소매가 길고 넓었으며, 바지통도 넓었어요.
움직이기 편한 것보다 아름다운 모양새가 더 중요했던 것 같아요.
하긴 귀족이 직접 몸을 움직여서 일하지는 않았으니까요.
그렇지만 귀족의 옷이라고 다 똑같지는 않았어요.
지위에 따라 옷 색깔이 법으로 정해져 있었거든요.

고구려 여인의 유행은 점박이 무늬

고구려 벽화에 그려진 여인들은 저고리에 바지 차림도 있고,
주름치마나 색동치마도 입었어요.
옷에는 다양한 무늬가 그려져 있는데, 그중 점박이 무늬가 가장 많아요.
귀부인들은 통이 넓고 화려한 옷을 입고,
평민들은 통이 좁고 소박한 옷을 입었어요.

귀족은 쌀밥에 고기반찬

귀족은 하얀 쌀밥에 고기반찬을 먹었어요.
잔칫날이면 갖가지 진귀한 반찬을 먹기도 했고요.
귀족이 이렇게 사치스러운 생활을 할 수 있었던 것은
대대로 내려오는 땅이 많았기 때문이에요.
또 왕의 신하로 일하면서 그 대가로 땅을 받기도 했고요.
노비를 시켜 넓은 땅에서 많은 곡식을 거두어들이고,
그 재산으로 화려하고 사치스러운 삶을 살 수 있었지요.

평민은 잡곡밥에 채소 반찬

삼국 시대 평민은 주로 보리와 조 등 잡곡을 먹었어요.
벼농사를 많이 짓기는 했지만,
쌀은 귀족이 차지하고, 평민은 잡곡을 먹었지요.
반찬으로는 무를 소금에 절여 먹거나 가지, 상추, 아욱 등을 먹었고요.
아주 가끔 고기도 먹었는데, 주로 구워 먹거나 간장에 절여 먹었대요.

평민은 삼베옷에 초가집

평민은 주로 하얀 옷을 입었어요.
알록달록 염색한 옷은 비쌌기 때문이에요.
보통은 삼베옷을 입다가 추운 겨울이 오면, 짐승 가죽으로 만든 털옷을 입었지요.
평민은 귀족이 살았던 기와집과 달리,
짚이나 갈대 등으로 지붕을 얹은 초가집에서 살았대요.

쪽구들로 방을 따뜻하게 덥혀요

가장 북쪽에 있는 고구려는
긴 겨울을 보내야 했기 때문에 난방 시설이 발달했어요.
집마다 일자 모양이나 기역 모양의 쪽구들을 만들었지요.
부엌에서 음식을 만들기 위해 불을 피우면,
구들 위가 데워져 방이 따뜻해졌어요.
고구려의 쪽구들은 차츰 백제와 신라에도 알려져 널리 사용되었지요.

결혼하면 먼저 신부의 집에서 살아요

고구려에서는 결혼하면 신부의 집에서 살다가
아이가 태어나 다 자라면 그때 신랑 집으로 갔다고 해요.
신라도 마찬가지였을 거예요.

죽은 다음에도 다른 세상이 있다고 믿어요

삼국 시대 사람은 죽은 후에도 다른 세상이 있다고 믿었어요.
다음 세상에서 지금과 같은 삶이 계속된다고 생각했지요.
그래서 사람이 죽으면 정성스럽게 무덤을 만들었어요.
만약 죽은 사람의 몸이 없어지면,
다음 세상에서 살아갈 수 없다고 생각했기 때문이에요.

돌로 무덤을 만들어요

삼국 시대에는 돌을 쌓아 무덤을 만들었어요.
죽은 사람을 땅에 묻거나 그냥 땅 위에 둔 채, 그 위에 돌을 쌓았지요.
처음에는 돌무더기를 그냥 쌓다가 차츰 계단 모양으로 쌓았어요.
또 시간이 흐르면서 죽은 사람을 모셔 둔 내부를
돌이나 나무로 만든 뒤, 그 위에 돌을 쌓기도 했어요.

고구려의 고분 벽화

왕과 귀족의 무덤은 크기가 아주 커서
그 안에 여러 가지 물건들을 넣기도 했어요.
죽은 사람이 다음 세상에서 그 물건들을 사용하기를 바랐던 것 같아요.
또 무덤 벽에 다양한 그림을 그리기도 했지요.
특히 고구려에서는 무덤 안에 여러 칸의 방을 만들고,
그 벽에 사냥하는 모습, 잔치를 벌이는 모습 등을 그렸어요.
지금도 남아 있는 벽화를 통해 삼국 시대 사람이 어떻게 살았는지 알 수 있답니다.

바둑을 둬요

삼국 시대에도 오늘날처럼 바둑을 두었어요.
심지어 백제는 바둑 때문에 큰 위기를 맞기도 했지요.
고구려의 장수왕이 바둑을 잘 두는 스님 도림을 백제에 첩자로 보냈거든요.
백제의 개로왕이 바둑을 좋아한다는 소문을 들었기 때문이죠.
개로왕은 도림과 날마다 바둑을 두며 나랏일을 게을리했고,
도림의 부추김으로 무리하게 궁궐을 짓다가 백성의 원망을 사기도 했어요.
고구려는 그 틈을 타 백제를 공격했고,
개로왕이 목숨을 잃으면서 결국 백제는 한강 근처의 영토를 뺏겼지요.

치열한 전쟁의 시대

삼국 시대에는 치열한 전쟁이 계속되었어요.
고구려, 백제, 신라가 자신의 영토를 넓히기 위해 끊임없이 전쟁했고,
한반도 북쪽과 만주에 걸쳐 위치한 고구려는
중국을 비롯한 북쪽의 여러 적과도 전쟁을 치러야 했지요.

수나라를 물리친 고구려

고구려의 전성기를 이끌었던 장수왕이 죽은 뒤 백 년쯤 지난 무렵,
중국에서는 수나라가 중국을 통일한 뒤 고구려를 공격했어요.
삼십만 명이라는 어마어마한 군대가 쳐들어왔지만, 고구려는 잘 막아 냈지요.
이후 다시 백만 명이 넘는 군대가 고구려에 쳐들어왔을 때는
을지문덕 장군이 살수에서 수나라를 크게 물리쳤답니다.

고구려가 당나라도 물리쳤어요

수나라에 이어 중국을 통일한 당나라가 힘을 키우자
고구려의 연개소문 장군은
국경에 천리장성을 쌓아 당나라의 침입에 대비했어요.
결국 당나라 군대가 쳐들어왔지만,
안시성의 주인을 중심으로 한 백성들이 굳건히 버틴 덕분에
당나라 군대는 돌아갈 수밖에 없었지요.

계속된 전쟁으로 지쳐 가요

수나라와 당나라의 침입을 잘 막아 냈지만,
계속된 전쟁으로 고구려는 점차 지쳐 갔어요.
전쟁을 치르면서 많은 백성이 죽거나 포로로 잡혀갔고,
또 전쟁이 계속되니 농사를 제대로 지을 수도 없었거든요.
이렇게 고구려가 약해지는 동안 신라는 점점 세력을 키워 갔어요.

백제의 복수, 위기에 몰린 신라

신라에 한강 지역을 뺏긴 백제는
복수를 다짐하며 신라를 계속 공격해 왔어요.
백제의 거센 공격에 신라는 고구려에 도움을 청했지요.
하지만 고구려는 그 전에 빼앗아 간 땅을 돌려 달라고 요구했어요.
위기에 몰린 신라는 당나라에 손을 내밀었어요.

신라와 당나라의 작전

호시탐탐 고구려를 노리던 당나라는
백제와 고구려를 함께 공격하자는 신라의 손을 덥석 잡았어요.
신라와 당나라는 힘을 합쳐 백제를 먼저 무너뜨리고,
이후 고구려를 공격하기로 약속했지요.

백제의 마지막 장군, 계백

신라와 당나라가 쳐들어온다는 소식에 깜짝 놀란 백제의 의자왕은 계백 장군을 불러 이렇게 말했어요.
"결사대 오천 명을 이끌고 황산으로 나아가 신라군을 맞아라."
신라 군사는 오만 명이 쳐들어오고 있는데, 백제 군사는 오천 명뿐이었죠.
계백 장군은 마지막까지 목숨을 걸고 싸웠지만, 결국 황산벌에서 죽고 말았어요.
그러자 백제는 더 이상 버틸 힘이 없어졌어요.

백전백승의 김유신 장군

신라의 김유신 장군은 가야의 후손이었어요.
증조할아버지가 금관가야의 마지막 왕이었죠.
하지만 가야가 멸망했기 때문에
신라에서 그의 가문은 점차 힘을 잃고 있었어요.
그런데도 김유신은 워낙 무예가 뛰어나고 머리가 좋아서
전쟁만 나가면 백전백승, 평생 단 한 번도 진 적이 없었대요.
신라가 당나라와 힘을 합쳐 백제를 공격할 때,
승리를 이끈 것도 김유신 장군이에요.

고구려의 멸망

당나라는 끊임없이 고구려를 공격했지만,
연개소문이 지키고 있는 고구려는 끄떡없었어요.
하지만 연개소문이 죽은 뒤 그의 아들들 사이에서 권력 싸움이 벌어졌고,
점차 고구려는 흔들리기 시작했지요.
그 틈을 타고 당나라와 신라가 공격해 오자, 결국 고구려는 멸망하고 말았어요.

당나라의 욕심

신라와 당나라의 군사는 백제와 고구려를 차례로 무너뜨렸어요.
그런데 당나라가 백제와 고구려 땅을 그대로 차지하려 하는 거예요.
심지어 신라마저 당나라의 지배 아래 두려고 했지요.
결국 신라의 문무왕은 당나라와 전쟁을 시작했어요.
백제와 고구려의 백성도 당나라의 지배에 맞서
7년 동안 긴 전쟁을 치러야 했어요.

남북국 시대의 시작

힘겨운 싸움 끝에 신라는 당나라를 물리쳐 한반도 남쪽 지역을 지켜 냈어요.
이제 한반도에는 고구려, 백제가 사라지고
신라만 남았으니 삼국 통일이 이루어진 것이죠.
하지만 잃었던 고구려의 옛 땅에 곧 발해가 세워졌어요.
그래서 이제 신라와 발해,
두 나라가 남과 북에 위치한 남북국 시대가 시작되었답니다.

호기심의 한국사 노트
삼국 시대

고조선이 멸망하기 전, 부여가 세워졌다.

부여 출신 주몽이 고구려를 세웠다.

이 소리야!
똑! 똑! 똑!

우리 역사상 가장 영토를 많이 넓힌 광개토 대왕의 업적을 기리기 위해 고구려는 광개토 대왕릉비를 만들었다.

이 소리야!
웅성! 웅성!

삼국 모두 중국, 일본 등과 교류했지만, 특히 백제는 배를 타고 바다를 건너가 중국, 일본과 활발하게 교류했다.

이 소리야!
얍! 얍!

신라는 화랑이라는 제도를 통해 인재를 길렀고, 화랑은 뒷날 신라가 삼국을 통일하는 데 큰 활약을 펼쳤다. 김유신 장군도 화랑 출신이다.

주몽의 아들 온조가 백제를 세웠다.

여섯 명의 촌장이 박혁거세를 왕으로 받들고, 박혁거세가 신라를 세웠다.

고구려, 백제, 신라는 치열한 경쟁을 펼치며 점차 큰 나라로 성장했다.

신라보다 남쪽에 가야라는 나라도 있었다.

신라가 당나라와 손을 잡고 백제, 고구려를 무너뜨려 삼국 통일을 이루었으나, 곧 북쪽에 발해가 세워져 남북국 시대가 시작되었다.

"아하!
왜 그런 소리가 나는지 이제 알겠어!"

301호 삼국 시대 사람들과 함께 찰칵!

301호 삼국 시대 이야기 끝 »»

또르륵!
또르륵!
또르륵!
또르륵!
또르륵!
또르륵!

또르륵!
또르륵!

따가닥!
따가닥!

또 무슨 일인 걸까?
오늘은 누가 **이런 소리**를 내는 거지?

안 되겠다. 아, 궁금해.
다시 가 봐야겠어!

딩동! 딩동!

"누구세요?"

"전 이 아파트에 사는 기심이라고 하는데요, 호기심요. 저……."

"아, 반가워. 들어와."

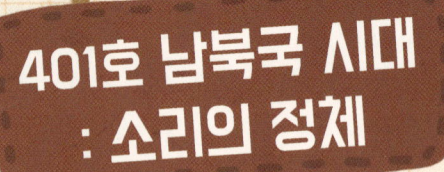

또르륵! 또르륵!

신라의 왕과 귀족이 나무 주사위를 굴리고 있어요.

궁궐 연못인 안압지 옆 정자에 모인 사람들이
바닥에 던져진 주사위를 집중해서 보고 있네요.
주사위 각 면에는 글자가 새겨져 있어요.
얼굴 간질여도 가만히 있기, 시 한 수 읊기, 여러 사람이 코 때리기,
술 마신 뒤 소리 내지 않고 춤추기…….
아하! 주사위를 굴려서 각 면에 나온 대로 벌칙을 주는 놀이인가 봐요.
지금처럼 컴퓨터 게임이나 핸드폰 게임이 없던 신라 시대에는
저렇게 주사위를 굴리며 재미있게 놀았던 것 같아요.
또르륵! 또르륵!
이 소리는 신라의 왕과 귀족이
주사위 놀이를 하는 소리랍니다.

따가닥! 따가닥!

발해 사람이 격구를 하고 있어요.

격구는 말을 탄 채 나무 막대로 공을 쳐서 골문에 넣는 경기예요.
발해 사람이 가장 좋아하는 운동 경기였지요.
말을 타고 달리는 것도 쉽지 않은데,
달리는 말 위에서 막대로 공을 치는 것을 보면
발해 사람들은 말타기에 매우 능숙했나 봐요.
또 활달하고 씩씩했고요.
야구 경기나 축구 경기를 보며 환호하는 요즘처럼,
발해 사람들도 격구 경기가 있을 때는 북을 치며 큰 소리로 응원했대요.
따가닥! 따가닥!
이 소리는 발해 사람이
나무 막대로 공을 치며 말을 타고 달리는 소리랍니다.

401호
남북국 시대의 보다 자세한 이야기

평화로운 신라

백제와 고구려, 당나라까지 물리친 신라는 마침내 긴 전쟁을 끝냈어요.
이후 신라는 이백여 년 동안 평화를 누릴 수 있었지요.
화려한 불교 문화를 꽃피우고 아름다운 문화유산을 만들며
전쟁 없는 시대를 누렸어요.

문무왕의 소원

오랜 전쟁을 끝냈지만, 신라 문무왕에게는 아직 걱정거리가 남아 있었어요.
바다 건너에 있는 왜, 그러니까 일본 때문이었지요.
그래서 죽기 전에 유언을 남겼어요.
"내가 죽으면 동쪽 바닷가에 묻어라. 용이 되어 나라를 지킬 것이다."
신하들은 왕의 뜻에 따라 감포 앞바다
커다란 바위 아래에 문무왕을 모셨어요.
용이 된 문무왕이 신라를 지켜 줄 것이라 믿으면서요.

귀족의 호화로운 삶

전쟁이 끝나자 신라의 영토는 넓어지고, 인구도 많아졌어요.
풍부한 먹을거리와 다양한 물건을 사고파는 시장도 생겨났지요.
백성의 삶도 이전보다 나아졌지만,
귀족들은 훨씬 더 호화로운 삶을 누릴 수 있었어요.
화려하게 꾸민 커다란 집을 값비싼 물건으로 가득 채우고,
수백 명에서 수천 명의 노비를 거느리며 살았지요.

도로를 만들고 집을 지어요

평화를 찾은 신라는 넓은 도로를 만들고,
길을 따라 크고 화려한 주택을 지었어요.
수도인 금성에는 집과 담이 계속 이어지는데,
초가집이 하나도 없을 정도였대요.

신라의 연못, 안압지

신라 사람은 멋진 도로를 만들고 집 주위에는 연못도 만들었어요.
가뭄과 장마에 대비하고, 또 적이 쳐들어오는 것을 막기 위해서였죠.
신라 궁궐에도 안압지라는 연못이 있었는데,
안압지 바닥에서 가위, 불상, 기와 등 많은 유물이 발견되었어요.

안압지의 주사위

안압지 바닥에서 발견된 신라의 주사위는 지금의 주사위와 모양이 달랐어요.
면이 여섯 개 있는 정육면체가 아니라,
자그마치 열네 개의 면을 가진 주사위였거든요.
면의 모양이 삼각형인 것도 있고 사각형인 것도 있지만,
각 면의 넓이는 모두 같아요.
저런 주사위를 만든 것을 보면,
신라 사람들은 수학 실력이 매우 뛰어났던 게 틀림없어요.

아름다운 불교 문화재

생활에 여유가 생기자 신라 사람들은 아름다운 불교 문화재를 많이 만들었어요.
지금 경주에 남아 있는 불국사와 석굴암을 비롯한
수많은 탑과 절이 이 무렵에 지어졌지요.

김대성이 지은 불국사와 석굴암

가난한 집안에서 힘들게 살던 김대성에게 어느 날, 한 스님이 말을 건넸어요.
"부처님께 하나를 드리면, 만 개를 얻을 것이오."
곧바로 김대성은 부처에게 밭을 바쳤지만, 얼마 뒤 세상을 떠나고 말았지요.
그로부터 열 달 후, 어느 부잣집에 아들이 태어났어요.
아이는 '대성'이라는 이름이 새겨진 금패를 손에 꼭 쥐고 있었대요.
가난했던 김대성이 부잣집 아들로 다시 태어난 거예요.
훗날 높은 벼슬에 오른 김대성은 지금의 어머니를 위해 불국사를 짓고,
가난했던 시절의 어머니를 위해 석굴암을 지었다고 해요.

세계에서 가장 오래된 인쇄물, 무구정광대다라니경

불교를 믿는 사람이 많아지자 부처의 말을 기록한 불경이 많이 필요했어요.
계속해서 불경을 만들다 보니, 종이를 만드는 기술과 인쇄술이 발달했지요.
불국사 삼층 석탑에서 발견된 무구정광대다라니경은
세계에서 가장 오래된 목판 인쇄물이에요.
나무판에 글자를 새겨 찍어 내는 방식으로 만들었답니다.

세계와 교류해요

신라는 당나라, 일본과 활발히 교류했을 뿐만 아니라
서아시아의 이슬람 국가들, 그리고 유럽의 로마와도 물건을 사고팔았어요.
먼 나라에서 들여오는 특이한 보석과
유리, 향료 등을 신라 귀족이 좋아했거든요.
신라와 당나라를 오가는 사람들이 워낙 많아
당나라에 신라 마을이 생기기도 했대요.

해상왕 장보고

신라 사람들은 배를 타고 다른 나라로 찾아가 귀한 물건을 사고팔았어요.
그러자 이 배를 노리고 도적질하는 해적이 생겨났지요.
신라인들의 피해를 막기 위해 장보고는
청해진에 군사 시설을 세우고 해적을 몰아냈어요.
장보고가 청해진에 자리 잡고 나서는
신라의 배들이 안전하게 당나라와 일본으로 항해할 수 있었답니다.

신라의 천재, 최치원

어릴 때부터 똑똑했던 최치원은 열두 살에 당나라로 유학을 갔어요.
열여덟 살에 당나라 과거에 합격하고는 벼슬길에 올랐지요.
당나라 황제의 칭찬을 받을 만큼 학문이 깊고 글을 잘 썼지만,
최치원은 신라로 돌아와 자신의 나라에서 능력을 발휘하고 싶었어요.
그러나 철저한 신분제 사회였던 신라에서 왕족이 아닌 최치원은
능력을 펼칠 기회조차 얻지 못했어요.
결국 최치원은 벼슬을 버리고 이리저리 떠돌다가 세상을 떠났대요.

혼란이 찾아온 신라

신라에 위기가 닥쳐왔어요.
나라 바깥에서가 아니라 나라 안에서 일어난 문제 때문이었죠.
왕족은 왕위에 오르기 위해 서로 싸웠고,
귀족은 재산을 늘리는 데만 관심이 있었거든요.
먹을거리조차 구하기 힘든 흉년이 되자,
백성들은 왕족과 귀족에게 불만을 터뜨리기 시작했어요.

호족 세력이 나타나요

화가 난 백성들은 왕을 따르지 않았고, 왕의 권력은 점점 약해졌어요.
왕의 힘이 닿지 않는 지방에서는 점차 새로운 세력이 성장해 갔지요.
지방에서 군대를 거느리고 재산을 모아 힘을 키운 이들을 호족이라고 해요.
호족은 자신을 따르는 무리를 모아 새로운 나라를 세우기도 했어요.

후삼국 시대

여러 호족 가운데 가장 세력이 강한 이들은 견훤과 궁예였어요.
견훤은 옛 백제 땅에 후백제를 세웠고,
궁예는 옛 고구려 땅에 후고구려를 세웠지요.
이렇게 신라, 후백제, 후고구려가 다시 경쟁하던 시대를 후삼국 시대라고 해요.

대조영이 세운 나라, 발해

고구려가 멸망한 뒤 당나라는
고구려인들을 자기 나라로 끌고 가 여기저기 흩어져 살게 했어요.
서로 힘을 모으지 못하게 하려는 것이었죠.
대조영도 그렇게 끌려간 고구려인이었어요.
대조영은 당나라가 혼란스러운 틈을 타서
자신을 따르는 고구려인들을 이끌고 탈출에 성공했어요.
그리고 새로운 나라를 세웠는데, 그 나라가 바로 발해예요.

고구려의 옛 땅을 차지했어요

대조영이 새로운 나라를 세웠다는 소식이 전해지자,
당나라 곳곳에 살던 옛 고구려인들이 발해로 모여들었어요.
얼마 후 발해는 옛 고구려 땅의 대부분을 차지하는 큰 나라가 되었지요.

여러 종족이 모여 살아요

발해는 여러 종족이 모여 사는 나라였어요.
고구려인이 지배하기는 했지만,
말갈족을 비롯한 여러 종족이 어울려 살았지요.
그래서 중국은 발해가 자신의 역사였다고 주장하기도 해요.
하지만 고구려의 옛 땅에 세워져
고구려인이 다스린 발해는 분명한 우리의 역사랍니다.

발해 사람의 생활

발해는 산이 많고 추운 지방에 있어 논농사를 짓기 어려웠어요.
그래서 밭농사를 주로 지었고,
돼지나 말을 기르거나 물고기를 잡아서 먹고살았지요.
먹을 것이 풍부하지 않아 다른 나라와 활발한 무역을 하며,
부족한 식량을 보충했어요.
호랑이나 담비의 가죽, 그리고 말은 발해의 특산품으로
다른 나라 사람들에게 인기가 많았대요.

격구와 축국

발해 사람들은 격구와 축국이라는 운동을 좋아했어요.
격구는 말을 타고, 나무 막대로 공을 쳐 골문에 넣는 경기였어요.
축국은 여럿이 공을 차며 뛰어다니는 놀이예요.
오늘날의 축구와 비슷하지요.
또한, 발해 사람들은 들판을 달리며 사냥했기 때문에
활쏘기와 말타기도 잘했대요.

발해의 위기

발해는 전쟁 없이 평화로운 발전을 했어요.
그러다 보니 점점 왕족과 귀족은 편하고 화려한 생활에 익숙해졌지요.
그 무렵 중국에서는 당나라가 무너지고 잠시 혼란한 틈에
북방의 거란족이 요나라를 세워 중국 땅 전체를 차지하려고 했어요.
거란족은 중국을 공격하기 전 발해에 쳐들어왔고,
발해는 힘없이 무너지고 말았어요.

발해가 멸망한 이유

발해처럼 큰 나라가 이렇게 갑자기 멸망한 이유는 무엇일까요?
발해에서 쓴 역사책이 전하지 않아 정확히 알 수는 없어요.
아마 평화로운 시기가 계속되다 보니,
적의 침입에 제대로 대비하지 않았던 것 같아요.
왕족이 서로 권력 다툼을 벌이느라
거란의 공격을 알아차리지 못했을 수도 있고요.
또 그 무렵 백두산의 화산 폭발로 피해가 커서
적을 막아 낼 힘이 없었다고 추측하기도 하지요.

호기심의 한국사 노트
남북국 시대

삼국을 통일한 신라는 평화로운 시대를 보냈다.

평화로운 시대 동안 문화가 발전했고, 아름다운 문화재가 많이 만들어졌다.

결국 신라의 힘은 매우 약해졌고, 후백제, 후고구려가 세워져 후삼국 시대가 열렸다.

한편, 옛 고구려 땅에 대조영이 발해를 세웠다.

이 소리야!
따가닥!
따가닥!

발해는 고구려의 후손이 세운 나라로, 격구와 축국을 즐겼다.

124

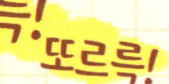

신라의 수도 금성에는
넓은 도로와 큰 집들이 지어졌다.

신라의 왕과 귀족은 안압지에서
주사위 놀이를 하기도 했다.

왕위 다툼으로 왕과 귀족이
백성을 돌보지 않자, 점차 지방의
호족 세력이 힘을 키웠다.

신라는 중국, 일본뿐만 아니라
이슬람, 유럽과도 교류했다.

그러나 발해는 북쪽에 살던
거란족이 쳐들어와 멸망하고 말았다.

125

"아하!
왜 그런 소리가 나는지 이제 알겠어!"

401호 남북국 시대 사람들과 함께 찰칵!

401호 남북국 시대 이야기 끝 >>>